AF263759

CONSEIL DE GOUVERNEMENT

RÉCLAMATIONS

DES CONCESSIONNAIRES DES FORÊTS DE CHÊNES-LIÉGE

CONTRE LE DÉCRET DU 7 AOUT 1867

ALGER

IMPRIMERIE DUCLAUX, RUE DU COMMERCE

1868

Extrait des Procès-Verbaux

DU

CONSEIL DE GOUVERNEMENT

(SÉANCES ~~DU 7 NOVEMBRE~~ des 28 et 31 Octobre 1868)

M. le conseiller Bellemare donne lecture du rapport ci-après :

Le Gouvernement général se trouve en présence d'une nouvelle réclamation des concessionnaires de chênes-liége ; cette réclamation, transmise à M. Faré, ancien Secrétaire général du gouvernement de l'Algérie, a revêtu, pour ainsi dire, la forme d'un ultimatum.

En présence de la gravité des intérêts engagés, comme aussi des difficultés que la question des chênes-liége a rencontrées, il m'a paru nécessaire de donner au présent rapport certains développements, afin de mettre le Conseil de gouvernement à même de se prononcer d'une manière définitive.

Le mode de procéder que j'ai cru devoir adopter a ses inconvénients, sans doute : il m'exposera à des redites ; mais le Conseil les excusera s'il veut bien se rappeler que quatre de ses membres n'ont point pris part aux précédentes délibérations. Si je m'étais donc borné à prendre l'affaire au point où elle en est restée le 27 juin dernier, elle présenterait pour eux des lacunes que je dois m'efforcer de combler.

Un autre motif m'a déterminé à suivre cette marche : le Conseil d'État doit être appelé à juger la question en dernier ressort ; or, il ne sera peut-être pas indifférent pour cette haute Assemblée de trouver réunis les renseignements épars qui peuvent servir d'élément à sa décision.

Jusqu'en 1848, personne n'avait encore sérieusement songé à tirer parti des forêts de l'Algérie, et notamment des forêts de chênes-liége qui couvrent des espaces considérables dans la province de Constantine.

Mais à peine la soumission d'Abd-el-Kader eût-elle inauguré le commencement de la période de paix, que les richesses forestières du pays appelèrent l'attention de l'industrie privée, qui sollicita de toutes parts des concessions considérables. Bientôt même on s'engoua de ces sortes d'affaires à tel point que, lorsque le Gouvernement invoquait l'insuffisance de la sécurité pour ajourner la solution des demandes, *on accusait ses lenteurs compromettantes*, disait-on, *pour la prospérité du pays* (1).

Mise en demeure de prendre une décision de principe sur le mode d'exploitation des forêts de chênes-liége de l'Algérie, l'Administration supérieure avait à choisir entre deux systèmes : ou l'exploitation en

____

(1) Presque tous les dossiers de concessions portent la trace de récriminations de cette nature.

régie, ou le fermage. L'exploitation en régie aurait nécessité l'obtention de crédits législatifs que la situation fiancière de la France, à cette époque, ne permettait pas de solliciter ; le Gouvernement se prononça donc pour le fermage qui offrait l'avantage, moyennant l'abandon des produits pendant un certain nombre d'années, et une redevance proportionnelle à ces mêmes produits, d'assurer à l'État, en fin de bail, un sol forestier convenablement aménagé et une ressource précieuse pour l'avenir.

De 1848 jusqu'au cahier des charges de 1862, 34 concessions d'exploitation forestière furent consenties dans les conditions suivantes :

> Durée du bail, 40 ans ;
>
> Exploitation par coupes réglées ;
>
> Redevance proportionnelle aux produits réalisés ;
>
> Réserve des droits d'usage des indigènes.

En 1861, l'une des premières préoccupations de M. le Maréchal duc de Malakoff en prenant possession du Gouvernement de l'Algérie, fut de prescrire l'élaboration d'un nouveau cahier des charges pour l'exploitation des forêts de chênes-liége. Ce cahier des charges, approuvé par un décret du 28 mai 1862, est celui sous l'empire duquel sont aujourd'hui placés les fermiers de l'État, car ceux d'entre eux dont les baux étaient antérieurs, ont pu, en acceptant les conditions nouvelles, — ce qu'ils se sont hâtés de faire, — se placer sous le régime de dispositions beaucoup plus libérales que les premières.

Il n'est pas sans importance pour le Conseil de connaître quel est l'ordre d'idées qui a présidé à la rédaction du cahier des charges de 1862.

Le projet imposait aux fermiers des redevances beaucoup plus élevées que celles qui ont été fixées par l'art. 50 du cahier définitif ; par contre, les travaux mis à leur charge étaient moins considérables. M. le Maréchal Pelissier pensa que l'important pour l'État était moins l'élévation du rendement actuel que l'amélioration de forêts qui reviendraient entre ses mains complétement aménagées, protégées, pourvues de chemins d'exploitation. Cette opinion, d'ailleurs très juste, entraîna celle du Conseil de gouvernement, et, après lui, du Conseil d'État, qui adoptèrent tous deux le principe de *l'abaissement de la redevance et de l'augmentation des travaux* incombant aux fermiers.

J'ai tenu à rappeler cette circonstance parce qu'elle est de nature à peser d'un certain poids sur la délibération du Conseil. En effet, pour connaître les charges acceptées par les concessionnaires, il ne suffit pas de supputer *la redevance*, il faut y ajouter encore *le prix des travaux qu'ils se sont obligés à exécuter*, et dont l'État doit profiter à l'expiration du bail. Négliger cette partie des dépenses, comme le font les concessionnaires dans leurs calculs, c'est ne pas tenir compte de l'un des deux termes du contrat.

Parmi les travaux ou dépenses mis ainsi à la charge du fermier, je citerai :

1° L'obligation d'ouvrir, dans le délai de trois ans, sur le périmétre de tout lot contigu à d'autres massifs, une laie séparative de dix mètres de largeur, complétement essartée et dégagée de tous les sous-bois et broussailles, afin d'empêcher l'incendie de se communiquer d'un massif à l'autre (art. 5) ;

2° Dans un délai de vingt ans, l'obligation d'établir sur le terrain, par des laies sommières d'une largeur de 20 mètres, les divisions (dans le cas d'exploitation par le *furetage*) ou les séries (dans le cas d'exploitation par coupes fixes) ; (Art. 12.)

3° L'obligation d'effectuer à ses frais, sur les indications et sous la Direction du service forestier, l'abattage et l'enlèvement des arbres devenus impropres à la reproduction du liége, l'élagage et l'émondage des chênes au-dessous de 0,20 c. de circonférence, l'enlèvement de tous les chablis, le recépage des bois incendiés ;

4° L'obligation d'entretenir et de compléter les peuplements existants, en affectant *annuelle-*

ment à cette destination, sous la direction du service forestier, une somme de 50 c. par hectare.

Pour tenir compte aux concessionnaires de ces divers travaux qui représentent beaucoup plus que la redevance, la quotité de celle-ci fut réduite et la durée du bail portée de 40 à 90 ans.

Cette triple combinaison de l'augmentation des travaux, de l'augmentation de la durée du fermage et de la réduction de la redevance, était avantageuse pour tout le monde; car l'État, qui peut raisonner autrement qu'un particulier, lequel a besoin d'un revenu presqu'immédiat pour le capital qu'il avance, ajournait ses bénéfices à une longue échéance, mais, en revanche, il obtenait des forêts complètement aménagées ; tandis que le fermier, moyennant certaines dépenses dont il profitait pendant 80 ans, moyennant une redevance progressive, mais insignifiante dans les premières périodes décennales, trouvait, à partir de la neuvième année de sa jouissance, une rémunération toujours croissante de son capital.

Les incendies qui se produisirent en 1863, et principalement au mois d'août 1863, vinrent malheureusement renverser bien des espérances, en détruisant complètement 18,779 hectares sur 203,492 hectares de forêts affermées.

Mais, entre ces deux dates de 1863 et 1865, un fait considérable s'était produit : l'Empereur était venu en Algérie, et, après s'être fait rendre compte de la situation des exploitations forestières, Sa Majesté avait formulé ses vues dans les lignes suivantes :

» Renoncer à toute espèce de concession, *même pour les forêts*, et changer ces concessions *en* » *propriétés définitives*, SAUF A EN RÉDUIRE L'ÉTENDUE. »

Ainsi substitution de la propriété au fermage et attribution en pleine propriété aux fermiers d'une part des massifs qu'ils détenaient à titre de bail, tel était le programme.

L'exécution de ce programme présentait, *même avant les incendies de* 1863, d'énormes difficultés pratiques que révèlent suffisamment les difficultés actuelles. En effet, par quel moyen arriver à établir d'une manière satisfaisante des bases *uniformes* pour l'attribution en pleine propriété d'une part des massifs concédés et parvenus *à un degré inégal d'exploitation?* Si les fermiers eûssent commencé leurs travaux sur un point ; si, de là, ils les eûssent étendus progressivement autour du premier centre de leurs efforts, sans doute la pensée de l'Empereur, en admettant que les fermiers se fussent prêtés à cette combinaison, eût été plus facilement réalisable. Mais comment procéder alors que les concessionnaires avaient réparti leurs travaux sur l'ensemble de ces mêmes massifs, s'attachant, dès l'abo d, et tout naturellement, aux plus belles futaies? Comment arriver, au milieu de cet archipel d'îlots auxquels avaient été consacré leurs capitaux, à dégager la part à leur accorder gratuitement en pleine propriété, et cela de manière à donner satisfaction aux intérêts privés, sans léser trop gravement ceux de l'État, dont le Domaine devait, lui aussi, conserver son homogénéité, sous peine de perdre une partie notable de sa valeur ? Les concessionnaires auraient-ils soutenu alors ce qu'ils soutiennent maintenant, à savoir que les forêts n'ont d'autre valeur que celle qu'ils y ont donnée ? Il est permis d'en douter, car la conséquence naturelle de l'admission d'un semblable principe eût été la restitution à l'État de toutes les parties non exploitées.

Avant les incendies de 1863, le système de partage indiqué par sa Majesté, soulevait donc un difficile problème ; mais, *à dater des incendies,* son application devenait impossible.

En effet, parmi tous les fermiers de l'État, ceux qui appelaient particulièrement l'intérêt du Gouvernement, étaient évidemment *les concessionnaires des exploitations atteintes par les incendies, puisqu'eux seuls avaient eu à souffrir un dommage ;* or, dans le système de partage, quels étaient les concessionnaires qui auraient été le moins avantagés ? Précisément ceux qu'il était juste de traiter le plus libéralement. Voici deux fermiers de deux lots de 3,000 hectares chacun. L'un, a vu le massif qui lui était attribué complètement dévasté; l'autre, a échappé au désastre. Le Gouvernement pouvait-il accorder au premier *plus que l'abandon gratuit du terrain ravagé?* Pouvait-il lui, représentant de l'État qui avait eu à supporter sa part de pertes, aller demander au Corps législatif des crédits pour désintéresser les fermiers. Une semblable combinaison, *bien qu'elle soit au . fond des demandes des concessionnaires,* ne se discute même pas. Donc, dans l'hypothèse indiquée, le fermier qui n'ayant encore rien fait ou presque rien fait, aurait reçu gratuitement le tiers ou le quart de massifs non atteints par le feu, aurait reçu plus que celui qui ayant beaucoup travaillé, aurait obtenu gratuitement la pleine propriété de la totalité d'un terrain dénudé par le feu.

Pour pouvoir pondérer les situations et tenir compte des pertes, il fallait donc que le Gouvernement renonçât au système de partage indiqué dans la lettre de l'Empereur du 20 juin 1865, antérieure de deux mois aux incendies, et recourût à un mode d'aliénation qui, *entraînant une soulte plus ou moins élevée suivant le préjudice souffert,* lui permit de ne point être injuste avec ceux qui avaient été victimes des incendies.

C'est dans cet ordre d'idées qu'une Commission prise dans le Conseil de Gouvernement, fut chargée d'examiner les propositions de la Commission spéciale qu'un arrêté de M. le Maréchal du 30 décembre 1865 avait instituée à Constantine pour procéder à une enquête sur les incendies du mois d'août précédent, étudier les moyens d'en empêcher le retour, et aviser aux mesures à prendre afin de venir en aide aux fermiers des concessions ravagées par le feu.

Dans le sein de la Commission du Conseil, deux opinions se produisirent qui aboutirent à deux projets différents, tendant :

L'un, à la vente des forêts de l'État aux titulaires des fermages ;

L'autre, au maintien du régime du bail, mais avec des modifications importantes dans le cahier des charges de 1862.

Dans les deux projets, des atténuations étaient proposées en faveur des concessionnaires incendiés.

Voici comment la Commission du Conseil de Gouvernement s'exprimait en rendant compte au Conseil de ses travaux (page 26) :

» *Aucun des deux projets n'a rallié la majorité. Par suite, M. le Président renonçant à faire*
» *usage de sa voix prépondérante, a décidé qu'ils seraient soumis simultanément à l'examen du*
» *Conseil de Gouvernement et qu'aucun d'eux ne serait défendu au nom de la Commission, à l'ex-*
» *clusion de l'autre.* »

Si je consulte les procès-verbaux du Conseil, je constate que ce programme n'a pas été exactement suivi, car, bien que dans la discussion devant le Conseil de Gouvernement il ait été fait constamment allusion, d'un côté, à l'examen ultérieur du nouveau cahier des charges, de l'autre, au choix qui serait laissé aux fermiers entre la vente et l'adhésion à un cahier amélioré, cependant, le Conseil n'a eu à se prononcer, ni sur les dispositions du nouveau contrat, ni sur l'option à laisser aux fermiers. Or, je rappellerai ici que cette considération d'option avait déterminé plusieurs membres à appuyer conditionnellement de leur vote le système de l'aliénation.

Néanmoins le Conseil d'État paraît avoir été saisi *des deux projets* : projet d'aliénation, projet d'un nouveau cahier des charges, mais dans tous les cas, c'est au premier qu'il a donné son assentiment en proposant le décret du 7 août 1867 dont voici les dispositions principales :

1° Prélèvement avant la vente, *sur toutes les superficies affermées, d'un dixième de leur étendue,* pour être attribué, soit aux populations indigènes comme rachat de leurs droits d'usage et de leurs enclaves, soit à des ouvriers à installer sur les lieux ;

2° Cession gratuite aux concessionnaires incendiés *de toutes les parties de forêts ravagées par le feu depuis 1865* ;

3° *Abandon gratuit à tous les concessionnaires*, comme représentation de leurs déboursés antérieurs, *du tiers des forêts ou parties de forêts non incendiées*, et vente des deux autres tiers à un prix qui varie de 225 à 325 fr. par hectare, suivant le peuplement ;

4° Paiement de ce prix en 20 annuités, sans intérêts, la première de ces annuités échéant le 1er janvier de la deuxième année après la vente ;

5° En cas de non paiement de trois termes échus, faculté par l'État de réclamer la totalité du prix, ou la résiliation du contrat.

Mais l'un des articles du décret du 7 août se prêtait à deux interprétations. Comment fallait-il entendre le § 2 de l'art. 3, qui est ainsi conçu :

« Il sera fait cession gratuite aux concessionnaires *des parties de forêts incendiées* depuis le 1er
» janvier 1863 jusqu'au jour de la vente. »

On pouvait dire avec le service des Forêts, et même avec la Commission du Conseil de Gouvernement qui, en adoptant le tableau joint au projet de cahier des charges (colonnes 9 et 10) avait accepté implicitement cette opinion :

« Là, où l'incendie n'a fait que lêcher les arbres, sans les détruire, la forêt conserve sa valeur,
» moins une récolte perdue. Par conséquent la portion de forêt que l'art. 3 du décret du 7 août
» a voulu accorder gratuitement au concessionnaire acquéreur, n'est autre qu'une superficie
» représentant le dommage qu'il a réellement souffert. Nous savons le nombre d'arbres que ren-
» ferme une forêt, (et ce nombre a toujours été amoindri par la bienveillance administrative); nous
» savons, d'un autre côté, le nombre d'arbres détruits par le feu. Si un quart, un tiers, une
» moitié des arbres a péri, nous devons un quart, un tiers, une moitié de la superficie, car cette
» proportion est celle dans laquelle le fermier *a souffert un préjudice*, ce qui ne veut pas dire
» *a manqué de gagner* puisque nous n'entendons pas le désintéresser à raison des bénéfices qu'il
» n'a point faits. Évaluons donc les hectares à céder gratuitement au concessionnaire incendié, non
» d'après l'étendue parcourue par le feu, *mais d'après le nombre d'arbres réellement détruits.* »

C'était là une première interprétation.

Il y en avait une seconde, moins mathématique, mais plus large, plus bienveillante, elle consistait à dire:

« Ne nous occupons pas du peuplement par hectare. Cent hectares ont été touchés par le feu:
» il est dû gratuitement cent hectares, quand bien même la moitié des arbres que contenaient ces
» cent hectares, aurait survécu à l'incendie. »

C'est cette seconde interprétation, que le Conseil de Gouvernement a adoptée, lorsqu'il a eu à régler les conditions d'achat du massif affermé à M. Portes (1).

Pour bien se rendre compte de l'importance de cette interprétation, je rappellerai au Conseil quelles en sont les conséquences :

1° Au point de vue de l'augmentation des surfaces à attribuer gratuitement aux fermiers ;

2° Au point de vue de la réduction des sommes à payer par eux pour devenir propriétaires.

D'abord, *au point de vue de l'augmentation des surfaces.* Treize concessions ont été plus ou moins gravement atteintes par le feu.

Elles constituent dans leur ensemble une superficie de...................... 52.585 hectares.

Sur ces 52,585 hectares, la part anéantie par le feu correspond à.......... 18.779 —

Et la part simplement endommagée à............................ .... 8.853 —

---

(1) Lorsque la Commission spéciale s'est rendue sur les lieux, elle a constaté que les dépenses effectuées réellement par M. Portes sur les 454 hectares formant sa concession, s'élevaient à 40,000 fr. ; néanmoins ces dépenses sont portées à 69,500 fr., dans les publications du Comité des concessionnaires qui a été évidemment induit en erreur.

D'après l'interprétation donnée au § 2 de l'article 3 du décret du 7 août 1867, ces 8,833 hectares doivent être abandonnés aux concessionnaires comme les 18,779 hectares précédents. C'est donc là une attribution supplémentaire de près d'un tiers.

Quelles sont maintenant les conséquences de la même interprétation, *au point de vue des sommes à verser par les acquéreurs*? Le Conseil va en juger :

M. Martineau des Chenetz, suivant la première interprétation aux termes de laquelle il aurait dû acquitter le prix des parties de forêts atteintes, mais non détruites, aurait eu à payer en vingt annuités, pour devenir propriétaire de 5,973 hectares, une somme de Fr...   244.050   »

D'après l'interprétation adoptée, il ne devra que ....   10.550   »

                                    Différence.........   233.500   »

M. de Cès Caupenne aurait eu à payer, dans le premier système, pour l'acquisition de 2,656 hectares, une somme de...............................   186.000   »

D'après l'interprétation adoptée, il ne devra que..........................   8.250   »

                                      Différence.........   177.870   »

M. Gauthier de Claubry aurait eu à payer, dans le premier système, pour l'acquisition de 3,330 hectares, une somme de...........................   163.500   »

D'après l'interprétation adoptée, il ne devra que.......................   13.800   »

                                      Différence.........   149.700   »

MM. de Lucy et Falcon auraient eu à payer, dans le premier système, pour l'acquisition de 11,245 hectares, une somme de...........................   1.058.550   »

D'après l'interprétation adoptée, ils ne devront que.....................   609.750   »

                                      Différence.........   448.800   »

Ainsi, pour les quatre concessionnaires ci-dessus, l'avantage résultant de la décision interprétative de l'article 3 du décret du 7 août 1867, se traduit par le chiffre de 1,009,870 fr. Les neuf autres concessionnaires incendiés bénéficient de 779,000 fr. (1).

Les fermiers de forêts ont accepté avec reconnaissance la décision de M. le Gouverneur général ; toutefois ils n'ont pas jugé que les sacrifices qu'elle imposait à l'État fussent encore suffisants, car, dans une lettre à l'Empereur du 6 décembre 1867, qui a été distribuée aux Membres du Conseil, ils ont demandé, sous forme de contre-projet, un certain nombre de modifications au décret du 7 août précédent.

Il est impossible de méconnaître l'habileté avec laquelle les fermiers de forêts de chênes-liége défendent leurs intérêts, et de s'en étonner si l'on se rappelle les noms des hommes qui siègent au Comité. S'emparant d'un mot consigné dans le rapport de la Commission du Conseil de Gouvernement, et qui n'avait d'autre valeur que celle d'une opinion individuelle, nous voyons aujourd'hui les concessionnaires mettre en avant dans la lettre à l'Empereur *la responsabilité de l'État pour les cas d'incendies*, responsabilité qui lui incombe *si ce n'est en droit étroit, du moins en équité rigoureuse et indiscutable.* Puis cherchant une explication à la forme que M. le Gouverneur Général a proposé de donner à la pensée manifestée par Sa Majesté dans sa

---

(1) Cette attribution est, en effet, égale à 8,833 hectares (moins le dixième, 883 hectares, soit 7,950 hectares) × 225 minimum du prix de l'hectare, soit 1.788,750 fr. Si j'avais calculé sur le prix de la troisième catégorie acceptée partout comme base de calcul, le total de la remise supplémentaire serait de 2,010,250 fr.

lettre du 20 juin 1865, ils n'en trouvent d'autre *que la préoccupation de s'affranchir de cette solidarité morale qui cesserait pour l'État le jour où cesserait sa propriété des forêts en exploitation.*

Ces Messieurs sont, sur ce point, dans une erreur complète : il n'y a jamais eu dans l'examen que le Conseil de Gouvernement a été appelé à faire des propositions relatives aux concessionnaires de forêts, préoccupation quelconque d'une solidarité morale ou autre que les fermiers de l'État se seraient hâtés de justifier si elle avait pu l'être, mais disposition à une excessive bienveillance dans l'étude des moyens propres à venir en aide, dans la mesure la plus large de ce qui est juste, *aux victimes des incendies de 1863-1865* qui sont précisément ceux dont le Comité parait le moins se préoccuper.

Oubliant que ce que l'Empereur avait voulu, c'était, il est vrai, de rendre les concessionnaires de forêts propriétaires, mais sous la condition *de réduire dans des proportions considérables* les grandes étendues *qu'une faute administrative très lourde leur avait fait attribuer en jouissance;* oubliant que cette combinaison, possible la veille des incendies, *ne l'était plus le lendemain,* les auteurs de la lettre à l'Empereur ont formulé dans les termes suivants la pensée de responsabilité et de solidarité indiquée ci-dessus :

« *Au lieu d'encourager les concessionnaires à de nouveaux efforts et à de nouveaux sacrifices;*
» *au lieu de les armer, par de sérieux avantages, contre les incendies* et d'atténuer l'effet de
» leurs désastres dans le passé *comme dans l'avenir,* on s'est proposé de liquider sans paiements
» d'espèces, la dette de l'État, de dégager sa responsabilité pour *les cas trop présumables ou de*
» *nouveaux sinistres viendraient à éclater, et de lui permettre* d'échapper à toute réclamation fondée. »

Les membres du Conseil de Gouvernement, et avant tous autres M. le Maréchal, doivent être bien étonnés que les concessionnaires de forêts n'aient point trouvé dans le décret du 7 août, dans l'attribution gratuite d'un tiers des massifs affermés, dans l'attribution également gratuite de tous les espaces touchés par l'incendie, dans l'octroi d'un délai de 20 ans pour acquitter le prix d'achat, autre chose que l'intention de liquider *une dette de l'État et de dégager sa responsabilité.* S'ils avaient assisté à la discussion, ils auraient mieux apprécié les intentions du Conseil et celles de M. le Maréchal.

Mais j'ai hâte d'oublier cette injustice et d'arriver à l'examen des propositions contenues dans la lettre à l'Empereur, où je vais trouver un terrain solide pour la discussion.

Sans entrer dans tous les détails consignés dans mon rapport du 27 juin dernier, j'y puiserai cependant une partie des arguments que j'ai opposés aux demandes principales des concessionnaires, laissant toutefois de côté leurs demandes secondaires.

Les demandes principales étaient au nombre de cinq :

1° Atténuation des prix de vente (art. 3) ;
2° Exemption de l'impôt foncier jusqu'après le paiement de la dernière annuité, c'est-à-dire pendant 30 ans (art. 10) ;
3° Suppression du second paragraphe de l'article 11 du décret du 7 août ;
4° Suppression : 1° de la résolution du contrat en cas de non paiement du prix de vente ; 2° de l'attribution à l'État des travaux et constructions, sans indemnité ;
5° Point de départ des annuités reporté à la 10ᵉ année qui suit la vente.

Atténuation des prix de vente. — L'article 3 du décret du 7 août 1867 porte :

» Il sera fait cession gratuite aux concessionnaires :

» 1° Des parties de forêts incendiées depuis le 1ᵉʳ janvier 1863 jusqu'au jour de la vente ;
» 2° Du tiers des forêts ou parties de forêts non incendiées ;

» Le prix des deux autres tiers sera fixé, savoir :

» A raison de 225 fr. par hectare pour les concessions ou parties de concessions classées dans la 1re catégorie, conformément à l'article 50 du cahier des charges annexé an décret du 28 mai 1862 ;
» A raison de 250 fr. pour la 2e catégorie ;
— 265 — 3e —
— 285 — 4e —
— 305 — 5e —
— 325 — 6e —

Les concessionnaires après avoir posé en principe, dans leur lettre à l'Empereur, qu'il serait plus juste de leur accorder gratuitement les forêts qu'ils détiennent comme fermiers, déclaraient néanmoins consentir à payer un prix en vingt annuites, la première échéant la 11e année après la vente, et, ce prix offert par eux, je le place dans le tableau suivant en regard de celui qui est fixé par le décret du 7 août.

Numéros des Catégories.	Prix fixé par le décret.	Prix offert par les concessionnaires.	
1re catégorie....	225 fr. par hectare	50 fr. par hectare.	Différence : 175 fr.
2e —	250 —	52 —	Différence : 198
3e —	265 —	54 —	Différence : 211
4e —	285 —	56 —	Différence : 229
5e —	305 —	58 —	Différence : 247
6e —	325 —	60 —	Différence : 265

D'où il résulte qu'entre la valeur d'une forêt, peuplée de cent arbres à l'hectare, et celle d'une forêt peuplée de 400 arbres, les fermiers de l'État n'établissent qu'une différence....... de 10 francs !

D'où il résulte encore que les prix offerts par les signataires pour acquérir la propriété d'un hectare de forêt représentent ce que valent les plus mauvaises terres en Algérie, et un peu plus qu'une année *du revenu avoué de la première période d'exploitation*, ou six mois environ *du revenu de la 3e période*, le tout payable en trente ans.

Pour justifier ces chiffres, voici les considérations qu'ont fait valoir les concessionnaires :

1° Les dangers auxquels l'exploitant est exposé à raison des incendies. *Quel acheteur*, disent-ils, *l'État trouverait-il aujourd'hui pour ses forêts de chênes-liège, même à un prix très inférieur à celui que le décret impose?*

A cet argument on peut faire immédiatement une réponse catégorique : la société anglaise de Londres et Lisbonne, a payé 320,000 francs, non pas la propriété, mais *la simple jouissance* pendant 79 ans des 2,676 hectares concédés à M. de Cès-Caupenne, ce qui met l'hectare à 120 francs. De plus, le 28 novembre 1867, cette société demandait à bénéficier du décret du 7 août précédent, c'est-à-dire à acheter sa concession, *bien qu'elle crût, à cette date, avoir à payer 186,000 francs, comme prix d'acquisition*, et elle devait le croire, puisqu'à cette époque il n'était pas encore question de la décision interprétative de l'art. 3 du décret du 7 août 1867, qui a réduit cette dernière somme à 8,250 francs.

Si donc on ajoute au prix d'acquisition de la jouissance (320,000 fr.), celui de l'acquisition de la propriété (186,000 fr.), on voit qu'une société anglaise, créée en vue de l'industrie spéciale du liège, achetait 2,676 hectares d'une forêt à moitié détruite moyennant 506,000 fr., soit à raison de 190 fr. l'hectare. *Si telle est la valeur de l'une des trois forêts le plus gravement atteintes, que l'on juge du prix de celles qui n'ont point été touchées par le feu.*

Les concessionnaires ne sauraient récuser ces chiffres, puisqu'ils émanent d'hommes aussi compétents que ceux qui forment la société anglaise.

On objectera, sans doute, que la promesse de vente de la jouissance avait été consentie *avant les incendies*. Mais si la compagnie n'avait pas voulu la confirmer, rien ne lui était plus facile, puisqu'il lui suffisait, pour rendre son marché nul, de ne point adresser à M. le Gouverneur Général la demande de subrogation qu'elle ne lui a fait parvenir *qu'après les incendies*.

2° La seconde considération émise par les fermiers de l'État en faveur du prix qu'ils offrent, est ainsi formulée :

« *Non seulement le décret du 7 août 1867 supprime dans son évaluation les causes de dépré-* » *ciation et les chances de ruine qui doivent surtout préoccuper en pareil cas le vendeur et l'acheteur,* » *mais encore il demande au concessionnaire le prix de la plus-value donnée à la forêt par le* » *concessionnaire lui-même.* »

Dans cet argument, il y a deux ordres d'idées différents. Les concessionnaires disent à l'État : Vous ne tenez pas assez compte *à notre profit* des chances d'incendie, et vous tenez au contraire trop compte *à notre détriment*, de ce que nous avons fait, puisque vous nous obligez à payer la plus-value de la forêt, plus-value due à nos travaux.

A la première partie de l'argument je répondrai : une association était formée entre moi, État propriétaire, et vous, capitalistes exploitants ; je vous propose de la rompre, mais vous êtes parfaitement libres de la continuer, puisque je suis engagé. Si vous pensez que les chances d'incendies sont si considérables ; si le renouvellement de la catastrophe de 1863 est à vos yeux si fort à redouter, il serait déraisonnable à vous de songer à vous rendre propriétaires du fonds que je vous louais, car vous vous exposeriez à un double risque : risque de perdre le capital d'achat que vous m'offrez, risque de perdre le capital d'exploitation. Il vaut donc beaucoup mieux pour vous, rester sous le régime de la concession, sauf à moi à désintéresser ceux qui ont eu à souffrir des incendies par un moyen autre que la transmission d'une partie de la propriété. Si, malgré les dangers que vous signalez, vous optez pour la propriété ; si plusieurs d'entre vous *demandent à être indemnisés du préjudice qu'ils ont eu à souffrir de l'incendie, par l'attribution en jouissance d'espaces nouveaux à ajouter à leur concession première*, c'est donc qu'à vos yeux ces dangers ne sont pas aussi grands que vous vouliez le faire croire, et que vous cherchez à tirer parti d'un fait exceptionnel pour obtenir, sans bourse délier, un fonds dont mieux que tous autres vous connaissez l'importance.

A la seconde partie de l'argument, je ferai la réponse suivante :

S'il y a *une plus value* donnée, il y a *une valeur primitive*. Comment le Conseil de gouvernement est-il parvenu à la dégager ?

Il a commencé, tout d'abord, par accepter, sans même les discuter (1), les chiffres des concessionnaires.

Les concessionnaires ont dit :

Pour mettre un hectare en plein rapport, il faut dépenser 150 francs.

Un hectare aménagé rend 42 fr. 50 par an, dès la première période (2).

Le Conseil de Gouvernement a répondu :

Un revenu de 42 fr. 50, calculé à raison de 10 °/₀, correspond à un capital de 425 francs, en chiffres ronds à 400 francs ; mais ce revenu n'est obtenu que grâce aux 150 francs par hectare que le concessionnaire y a dépensés ou y dépensera, et qui constituent la plus-value. Donc, que l'on estime une forêt à

---

(1) Et ils auraient pu l'être, au moins pour M. Portes.
(2) Ce rendement s'élève plus tard jusqu'à 120 francs.

raison de 400 francs l'hectare, avec attribution gratuite au concessionnaire d'un tiers de la superficie, ou qu'on estime l'hectare à raison de 270 francs (400 fr. — 130 fr.) *sans attribution gratuite d'un tiers* de la contenance, cela revient au même pour l'État, mais n'est pas la même chose pour le concessionnaire qui, dans le cas où il ne voudrait pas acquérir le reste du lot, peut devenir immédiatement propriétaire d'un tiers de la superficie, en renonçant à la jouissance des deux autres tiers.

Tel était le système du Conseil de Gouvernement.

Le Conseil d'État ne l'a pas adopté. A la base d'évaluation du fonds dérivant du revenu de la première période, il a préféré celle du revenu totalisé des redevances pour chaque catégorie de forêts, d'où il est résulté une moyenne de 265 francs. Puis, cette réduction d'un tiers opérée dans le prix fixé par le Conseil de Gouvernement, il a attribué gratuitement aux concessionnaires un tiers de la superficie de leurs lots, *leur remboursant ainsi deux fois le montant de leurs dépenses passées ou futures*, ce qui a mis en réalité le prix de l'hectare à 177 francs.

Dans des termes semblables, est-il possible de prétendre que le Gouvernement n'a pas tenu compte des dépenses des concessionnaires, puisqu'il commence par leur en rembourser le montant qui constitue la plus-value donnée par eux aux forêts ?

3° Le troisième argument, que les signataires de la lettre à l'Empereur ont fait valoir en faveur des chiffres qu'ils opposent à ceux du décret du 7 août 1867, est consigné dans le passage suivant :

» *Au surplus, Sire, la valeur de l'indemnité, offerte par le décret sous forme de cession gratuite*
» *du tiers de la forêt exploitée* (1), *se mesure naturellement à l'importance des avantages proposés,*
» *comme derniers résultats, au concessionnaire qui accepterait l'échange de sa situation actuelle con-*
» *tre celle d'acquéreur, puisqu'elle a pour objet d'ajouter à ces avantages par une diminution de*
» *dépenses et de charges. Eh bien! voici ces résultats tels que le calcul les établit et tels qu'ils res-*
» *sortent de la comparaison du chiffre de 265 fr. par hectare, imposé par le décret comme prix*
» *de vente pour une forêt placée dans la troisième catégorie et le chiffre des redevances annuelles*
» *que le concessionnaire, s'il demeure dans les conditions où il se trouve aujourd'hui, aurait à payer*
» *à l'État pour cette même forêt, d'après le cahier des charges qui le régit.*

» *Les redevances auront produit au Trésor, en fin de bail, les intérêts en étant capitalisés à 10*
» *pour 0/0, taux légal de l'Algérie, et que l'Administration a pris elle-même comme base de ses*
» *calculs, une somme totale de 32,414 fr. pour un hectare.*

» *Le prix de vente de 265 fr. par hectare, diminué d'un tiers par la cession gratuite de la*
» *forêt, et ramené à 176 fr. 66 c., produirait à l'État, après l'évolution de vingt annuités accor-*
» *dées pour l'acquittement et qui ont naturellement servi de base au calcul de capitalisation à 10*
» *p. 0/0 des intérêts de ce prix, une somme de 186,980 fr. 80 c.*

» *Si l'on retranche de ce chiffre celui de 32,414 fr. à provenir des redevances, on trouve que*
» *l'État offre, en résumé, à ses fermiers de leur vendre pour une somme de plus de 154,000 fr.*
» *chaque hectare de forêt aujourd'hui concédée.* »

154,000 fr. l'hectare de forêt, c'est là, en effet, un prix très cher, et, s'il en est ainsi, je conseille très fort aux concessionnaires de l'État de rester sous le régime du bail.

Voyons seulement si ces chiffres sont sérieux.

Que répondraient les concessionnaires si le Gouvernement venait leur dire, leurs calculs à la main, que la décision interprétative de l'article 3 du décret du 7 août 1867, qui leur a alloué gratuitement les 8,833 hectares *touchés seulement par le feu*, comme les 18,799 hectares détruits par

---

(1) Elles sont loin de l'être encore.

l'incendie, équivaut à 56,701,900,000 fr. (plus de 56 milliards), puisque, dans 80 ans, le prix des 8,833 hectares, gracieusement accordés, placé à intérêts composés, aurait produit cette somme ? (1) Et cependant le Gouvernement serait aussi fondé à le prétendre que ces Messieurs à prétendre que l'hectare leur est vendu à raison de 154,000 fr.

Je ne suivrai donc pas les concessionnaires dans les calculs qu'ils ont établis pour prouver la justesse de leurs chiffres, et je me bornerai à démontrer par une comparaison le défaut de l'argumentation.

J'habite une maison qui me coûte 1,500 fr. de loyer. Le propriétaire me propose de l'acheter au denier 10 0/0, soit 15,000 fr.; j'y consens.

Dans 70 ans, suivant les signataires, cette maison m'aura coûté 11,835,000 fr.

Suivant moi, dans 70 ans, comme aujourd'hui, elle m'aura coûté 15,000 fr. et moyennant cette somme je me serai affranchi du paiement d'un loyer, j'aurai acquis le *jus utendi et abutendi*, j'aurai couru l'*alea* d'une augmentation ou d'une diminution de valeur.

Pour arriver aux chiffres fantastiques que présentent les concessionnaires, qu'ont-ils fait ? Ils ont établi les intérêts composés sur le loyer d'une part, sur le capital d'achat de l'autre, c'est-à-dire sur deux chiffres dont l'un est le décuple de l'autre, et avec des intérêts à 10 0/0 ils ont dû arriver naturellement à des différences grandissant à mesure que l'on s'éloigne du pointde départ.

Mais pourquoi donc les signataires de la lettre à l'Empereur ont-ils arrêté leurs calculs à 80 ans ? Pourquoi ne les ont-ils pas poursuivis pendant une période de plus ? Sans doute la redevance cessant à 80 ans ils n'auraient pu établir *une comparaison* entre le prix d'achat et le prix de loyer ; mais peu importe, puisque leur capital n'en est pas moins aliéné. Ils auraient vu alors qu'au bout de 90 ans, l'hectare de forêt leur reviendra, non plus à 154,566 fr., mais à 400,326 fr.

Si laissant de côté tous ces chiffres produits par les intérêts composés, on s'attache à ceux qui ont servi de base au calcul des redevances, ne serait-on pas en droit de dire aux signataires de la lettre à l'Empereur :

Vous avez établi le prix des redevances à payer à l'État d'après le prix de la redevance prise *isolément* ; mais le Conseil sait et les délégués des concessionnaires, *qui ont assisté aux séances dans lesquelles le cahier des charges a été discuté,* savent, comme lui, que l'Administration supérieure s'est beaucoup moins préoccupée d'imposer un fort loyer, que d'imposer de grands travaux d'amélioration dont l'Etat devait profiter plus tard.

Pourquoi donc ne pas comprendre dans les dépenses à votre charge les 0 fr. 50 par hectare que vous êtes tenus d'affecter pendant toute la durée de la concession au repeuplement de la forêt ? Cette somme a cependant son importance, car elle est égale *au tiers* de la redevance de la 3e catégorie pendant le tiers de la durée de la concession.

Pourquoi ne pas faire entrer en ligne de compte l'ouverture de toutes les laies séparatives que vous êtes tenu d'ouvrir dans un délai de 20 ans, les abattages et élagages gratuits que vous devez faire pour le compte du service forestier ?

Tous ces travaux dont l'acquisition de la forêt vous libérerait, ne doivent-ils pas se chiffrer et entrer en ligne de compte avec la redevance ?

Vous avez établi enfin le prix de l'hectare avec ses intérêts composés, c'est-à-dire les charges; pourquoi vous être arrêtés, et n'avoir pas présenté en regard, et avec ses intérêts composés, *le produit de l'hectare,* c'est-à-dire les bénéfices?

---

(1) Le prix des intérêts composés à 10 0/0 a été établi sur la somme de 1,800,000 fr., en chiffres ronds.

Rentrons donc dans la vérité des faits :

Vous avez accompli des dépenses dans les forêts dont l'exploitation vous est concédée ; l'État vous les rembourse en vous abandonnant gratuitement le tiers de la superficie de ces mêmes forêts.

Il vous reprend, il est vrai, le 10ᵉ de votre concession, mais c'est dans votre intérêt même, car il vous débarrasse à ce prix des droits d'usage qui vous grèvent.

Les 2|3 restant, l'État offre de vous en céder la propriété à un prix qui varie de 225 francs à 325 francs, et ce prix étant payable en vingt annuités, sans intérêts, vous pouvez l'acquitter au moyen d'un prélèvement sur l e revenu.

Voyez quel est votre avantage et choisissez.

Exemption temporaire de l'impôt foncier. La seconde modification demandée par les signataires de la lettre de l'Empereur au décret du 7 août, consiste dans l'ajournement du paiement de l'impôt foncier jusqu'à l'entier acquittement des annuités.

C'est donc un dégrèvement de 30 années que sollicitent les intéressés.

Je me bornerai à faire remarquer au Conseil que, soit sous forme d'impôt principal, soit, (ce qui est plus probable) sous forme de centimes additionnels *à un principal non perçu,* la terre fécondée par le colon aura à payer quelque chose, et que ce quelque chose il serait injuste que le sol forestier ne le supportât pas comme le sol arable.

Cette considération me paraît décisive.

Suppression du paragraphe 2 de l'article 11. Ce paragraphe est ainsi conçu :

« *L'acquéreur ne pourra répéter contre l'État aucun dédommagement, aucune indemnité, remise* » *ou réduction de prix ayant pour cause des incendies, ou tout autre accident de force majeure.*

Cette suppression équivaudrait à dire : l'acquéreur pourra répéter contre l'État, etc.

Les signataires voudraient, en effet, que les acquéreurs fussent exonérés du prix d'acquisition pour les parties de forêts qui viendraient à être incendiées *avant le paiement total des annuités,* c'est-à-dire pendant 30 ans, puisque ces messieurs demandent que les annuités soient payables en vingt termes égaux, à partir de la 10ᵉ année qui suivra la vente.

Je repousse au nom de tous les principes cette sorte de contrat d'assurance en vertu duquel les acquéreurs tendraient à se placer en dehors du droit commun, mettant ainsi tous les avantages de leur côté, tous les risques du côté de l'État. *Res perit domino.*

Suppression de la résolution du contrat en cas de non paiement.

L'art. 14 du décret du 7 août est ainsi conçu :

« *A défaut de paiement de trois termes échus sur le prix de la vente, le Domaine pourra, trois mois* » *après signification d'une contrainte administrative demeurée sans résultat, réclamer soit le paiement* » *de la totalité du prix restant dû, soit la résolution du contrat, laquelle sera prononcée par un arrêté* » *du Gouverneur général de l'Algérie, le Conseil de gouvernement entendu.*

» *Dans le cas de résolution du contrat, tous les travaux et constructions exécutés dans la propriété,* » *demeurent acquis à l'État, sans indemnité et sans préjudice des dommages-intérêts.* »

Les signataires de la lettre à l'Empereur ont demandé :

1° Que la résolution du contrat ne pût avoir lieu pour cause de non paiement des annuités ;

2° Que les travaux et constructions exécutés dans la propriété ne pussent être acquis à l'État, sans indemnité.

Par conséquent, pour que l'État rentrât dans sa propriété non payée, il faudrait qu'il recourût à l'expropriation ordinaire , qu'il se fît colloquer par privilége sur le prix, et, s'il ne se trouvait personne pour pousser les enchères jusqu'à la somme dont il serait créancier, qu'il se portât adjudicataire.

A cette prétention, je n'opposerai qu'une réponse :

L'article 14 est la sanction de tout le projet ; il est la seule garantie de l'État ; l'État ne saurait y renoncer.

Au surplus, cet article ne constitue pas une innovation, il est la reproduction d'une disposition consignée dans toutes les ventes du Domaine. La seule modification qui ait été apportée à cette disposition, consiste dans l'obligation que s'impose l'État, de ne recourir aux mesures de rigueur qu'après *trois années consécutives* de non paiement.

Ajournement du paiement de la première annuité. — Aux termes de l'article 5 du décret du 7 août 1867, la première annuité du prix de vente est due à partir du 1er janvier de la première année postérieure à l'achat.

Les signataires de la lettre à l'Empereur ont demandé que cette première annuité ne fût payable qu'à partir de la 10e année.

Le Conseil de gouvernement, dans sa séance du 27 juin dernier, a été d'avis d'accorder *ce dernier témoignage de bienveillance aux concessionnaires acquéreurs* et de repousser toutes leurs autres demandes.

Un projet de décret modifiant, dans le sens indiqué ci-dessus, l'article 5 du décret du 7 août 1867, fut en conséquence adopté et transmis à M. le Ministre de la Guerre, pour être soumis aux délibérations du Conseil d'État.

« *Avant de donner suite à ce projet*, dit S. Exc. M. le maréchal Niel, *j'ai cru devoir pressentir les*
» *intentions des principaux intéressés aux réclamations desquels il ne répondait qu'imparfaitement ; tous*
» *ayant déclaré que la nouvelle disposition qu'il s'agissait d'introduire dans le décret du 7 août 1867 ne*
» *changerait en rien la résolution de repousser l'application de ce décret, il devenait sans objet (1) d'ap-*
» *peler le Conseil d'Etat à en délibérer, et j'ai retenu en conséquence les propositions de Votre Excel-*
» *lence, etc.*

» *Dans le cours des pourparlers qui ont eu lieu à ce sujet, le général de Montebello, président*
» *de la Commission des délégués des concessionnaires, avait remis à M. le Secrétaire général du Gou-*
» *vernement une note résumant un système proposé par M. Naud, pour l'exécution du décret du 7*
» *août et auquel se rallieraient les concessionnaires.*

» *Je ne puis que vous transmettre cette note qui m'a été renvoyée par M. Faré.* »

M. le Maréchal Ministre de la Guerre termine en appelant l'attention de M. le Gouverneur général sur la nécessité d'assurer promptement l'exécution du décret du 7 août à l'égard du petit nombre de concessionnaires qui en ont accepté les clauses, *et qui se plaignent vivement du retard apporté au règlement de la question forestière en ce qui les concerne.*

Voici la note de M. Naud :

» *Le decret du 7 août ne pouvant être accepté par les concessionnaires des forêts de chênes-liège,*
» *et l'Administration ayant formellement déclaré qu'elle ne consentirait à modifier ce décret qu'au-*
» *tant que le prix qu'il fixait pour la cession de ces forêts resterait la base de ces cessions, nous*
» *avons cherché une combinaison qui permit de maintenir ce prix, tout en sauvegardant les inté-*
» *rêts de l'État et ceux des concessionnaires.*

» *La combinaison à laquelle nous nous sommes arrêtés, consisterait pour les concessionnaires à*
» *accepter le décret du 7 août 1867, à la condition que le paiement des sommes à verser aurait*
» *lieu en quarante annuités, à partir de la vingtième année de l'acceptation par les concessionnaires*
» *du décret ainsi modifié.*

» *Les sommes dues à l'État pour ces cessions ne seraient pas productives d'intérêt, elles pour-*
» *raient être payées par anticipation, sous déduction d'un escompte à fixer par l'Administration.*

---

(1) Ceci n'est point absolument exact, car plusieurs concessionnaires demandent la vente dans les conditions du décret du 7 août, ainsi que le rappelle M. le maréchal Niel, et pour eux au moins le projet avait son importance.

» *En cas d'incendie total ou partiel des forêts cédées, les concessionnaires se trouveraient libérés*
» *des annuités restant à payer à l'État sur chacun des hectares brûlés ; mais les concessionnaires ne*
» *pourraient exercer aucune réclamation pour les annuités acquittées jusqu'au jour de l'incendie.*

» *Le tableau ci-après, établi sur une concession de 1,000 hectares de la troisième catégorie, dé-*
» *montre les avantages de cette combinaison.*

	ÉTAT des redevances à payer par période décennale.		INTÉRÊTS composés produira aux Concessionaires	INTÉRÊTS composés profitant à l'État.
de 11 à 20..	12.500	Les intérêts composés de cette somme pendant 25 ans s'élèvent à...	29.825	
de 21 à 30..	17.500	— ...	18.805	
de 31 à 40.	22.500	Au lieu de payer cette somme on verserait............ 66.250 soit 6.625 fr. par hectare et par an.		
de 41 à 50..	27.500	— — 66.250		
de 51 à 60..	35.000	— — 66.250		
de 61 à 70..	42.500	— — 66.250		
de 71 à 80..	50.000	Cette somme ayant été versée 10 ans avant son échéance produira des intérêts composés qui s'élèvent à...............		31.400
de 81 à 90..	57.500	— 20 ans		95.047
			48.690	126.447
	57.500	Balance en faveur de l'État............	77.757	
		Cette somme représente une partie notable du tiers abandonné gratuitement....................................		126.447

» *Du tableau ci-dessus, il résulte que pour une concession de 1,000 hectares de forêt de*
» *chênes-liège de la 3ᵉ catégorie, les redevances à payer à l'État s'élèvent à 265,000 fr. qui*
» *doivent être versés dans le cours de 80 ans, à partir de la 11ᵉ année de concession, en com-*
» *mençant par un chiffre peu important, qui s'élève graduellement par période décennale, jusqu'à*
» *5,700 fr. par an.*

» *Les modifications que nous demandons, sont des plus raisonnables. En effet, au lieu de payer*
» *cette somme de 265,000 fr. en 80 ans, avec des paiements progressifs de 1,250 fr. jusqu'à*
» *5,700 fr., nous proposons de la payer en 40 annuités régulières de 6,625 fr. chacune, de*
» *telle sorte qu'en réalité l'État nous aura fait crédit pendant 20 ans d'une somme de 30,000 fr.*
» *tandis que nous lui paierons 20 ans plus tôt par anticipation, une somme de 107,500 fr.*
» *L'avantage est donc certain et incontestable pour l'État.*

» *Si on chiffre cet avantage par les intérêts composés, on trouve en définitive une balance de*
» *77,757 fr. en sa faveur pour chaque mille hectares cédés.*

» *Si on ajoute à cette somme les impôts fonciers et les droits de mutation que l'État percevra*
» *sur ces forêts, on est forcé de reconnaître, que cette combinaison satisfait dans de très larges*
» *proportions les intérêts de l'État, tout en sauvegardant ceux des concessionnaires de forêts de*
» *chênes-liège, qui ont droit à toute la bienveillance de l'Administration, attendu que, par les*

» *capitaux qu'ils ont engagés et qu'ils vont engager dans ces affaires, ils ont aidé et aideront*
» *puissamment au développement et à l'amélioration de la Colonie.* »

Ainsi acceptation du décret du 7 août 1867, moins les modifications ci-après :

1° En cas d'incendie total ou partiel des forêts cédées, les concessionnaires acquéreurs se trouveraient à l'avenir libérés des annuités restant à payer pour chacun des hectares brûlés, ce qui revient à dire : Je veux bien être propriétaire en ce qui concerne les avantages, mais je ne veux pas l'être en ce qui regarde les inconvénients. A moi les avantages, à l'État les charges.

2° Au lieu de payer le prix d'achat en 20 annuités échéant le 1ᵉʳ janvier de la deuxième année qui suit l'acte de vente, ce paiement aurait lieu en 40 annuités à partir de la vingtième année de l'acceptation par les fermiers de ces nouvelles conditions, ce qui revient encore à dire que la propriété des forêts serait acquise aux concessionnaires *moyennant un prélèvement de 6 fr. 66 par hectare pendant 40 ans.* Or, ce chiffre de 6 fr. 66 est précisément le double de la moyenne des redevances que le fermier d'un lot classé dans la 3ᵉ catégorie aurait à payer pendant les 80 ans de sa concession. De telle sorte que la combinaison consiste à retarder de 20 ans le paiement des 20 premières annuités, et à avancer de 20 ans le paiement des 20 dernières qui sont évidemment les plus élevées. Mais comme au bout de la 4ᵉ ou 5ᵉ récolte le produit de l'hectare qui n'est au commencement que de 42 fr. 50, sera parvenu au chiffre normal de 100 et 120 fr., on voit que le sacrifice n'est pas lourd.

Je me bornerai à poser la question suivante en réponse aux offres des concessionnaires : ces Messieurs feraient-ils à un particulier, s'il était propriétaire des forêts de chênes-liége de l'Algérie les propositions qu'ils font à l'État ?

Tel est cependant l'ultimatum des fermiers des forêts de chênes-liége, et afin que le Gouvernement n'en ignore, voici en quels termes M. le Président de la Commission l'a formulé :

» *Si les bases indiquées ou d'autres semblables ne devaient pas être adoptées, il ne resterait plus*
» *aux concessionnaires d'autre recours que le rappel de la demande de propriété gratuite qu'ils ont*
» *formulée tout d'abord* et qu'ils n'ont pas cessé de considérer comme le dernier terme d'une
» question qui, plus que jamais, leur apparaîtrait comme insoluble par d'autres moyens. (Lettre du
» (*sans date*) juillet 1868).

Que le Conseil rapproche ce passage d'un paragraphe déjà cité de la lettre à l'Empereur : *on s'est proposé de liquider sans paiements d'après la dette de l'État,* et il comprendra facilement quel est le but auquel tendent les concessionnaires. :

1° Abandon gratuit aux locataires actuels de toutes les forêts qu'ils détiennent et dont l'Empereur voulait réduire la contenance ;

2° Et comme conséquence fatale, nécessaire, attribution d'une indemnité en *espèces* à ceux qui ont eu à souffrir des incendies, *car il n'y aurait plus d'autre moyen de les désintéresser.*

Il y a loin de semblables prétentions aux considérations qui ont entraîné le vote de la majorité du Conseil en faveur de l'aliénation des forêts, vote qu'elle n'émettrait peut-être plus aujourd'hui. Par la vente des forêts affermées, lui disait-on, nous augmentons la valeur des forêts non affermées ; nous faisons un sacrifice dans le présent, mais il sera compensé et au-delà par les ventes ultérieures. Or, *la demande des locataires de forêts de l'État, si elle était accueillie, équivaudrait à l'annihilation de toute valeur vénale pour les forêts non affermées,* car le Gouvernement ne pourrait vendre aux uns ce qu'il aurait donné aux autres.

Heureusement que, bien que la question ne soit plus entière depuis le décret du 7 août 1867, il est encore temps de s'arrêter dans la voie de concessions ruineuses et funestes pour l'État, concessions qui réduiraient à rien non seulement la valeur de la propriété forestière qu'il a affermée, mais encore celle de la propriété forestière qui lui reste.

Je demande donc au Conseil de repousser *toute nouvelle demande des fermiers tendant à obtenir la propriété des forêts à des conditions autres que celles déterminées par le décret du 7 août 1867*, interprété en ce qui concerne l'article 3, par la décision de M. le Maréchal portant attribution des 8,833 hectares touchés seulement par le feu, et modifié en ce qui touche le paiement des annuités par le projet de décret adopté dans la séance du 27 juin dernier.

Le Conseiller rapporteur,

Signé : **BELLEMARE**.

Après un court échange d'observations, le Conseil de Gouvernement s'associe à l'unanimité aux conclusions de M. le Rapporteur, et maintient purement et simplement la délibération du 27 juin dernier.

Pour Extrait conforme :

Le Secrétaire du Conseil,

Signé : Alph. **LE GENISSEL.**